NATIC
GEOG

Huellas en la arena

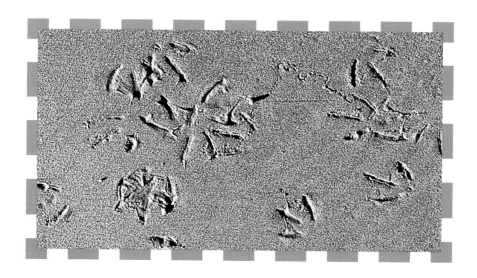

Marilyn Woolley

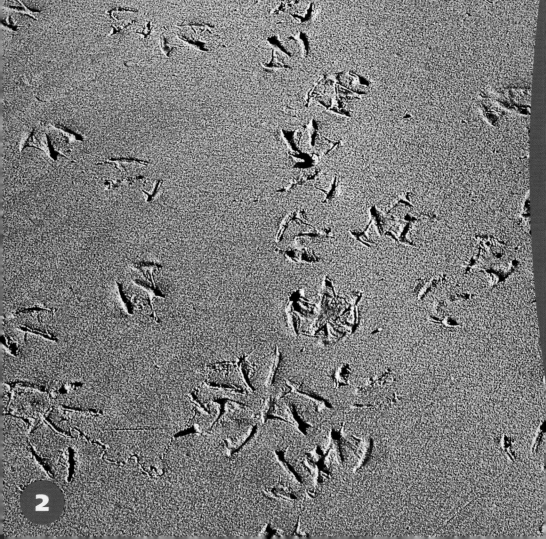

La marea acaba de bajar.
La arena aún está húmeda.
¿Quién dejó estas huellas en la arena?

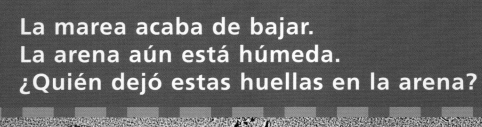

Una gaviota dejó estas huellas en la arena. Una gaviota tiene **pies** palmeados.

¿Quién dejó estas huellas en la arena?

Una serpiente dejó estas huellas en la arena. Una serpiente tiene el **cuerpo** largo y delgado.

¿Quién dejó estas huellas en la arena?

Una tortuga dejó estas huellas en la arena. Una tortuga tiene **aletas.**

¿Quién dejó estas huellas en la arena?

Un pingüino dejó estas huellas
en la arena. Un pingüino tiene
pies palmeados.

¿Quién dejó estas huellas en la arena?

10

Una foca dejó estas huellas en la
arena. Una foca tiene **aletas y cola.**

¿Quién dejó estas huellas en la arena?